Impressum
Verlag: BABADADA GmbH, Nedderfeld 112 , 22529 Hamburg
Geschäftsführer / Verlagsleitung: Harald Hof
Druck: Books on Demand GmbH, In de Tarpen 42, 22848 Norderstedt

Imprint
Publisher: BABADADA GmbH, Nedderfeld 112 , 22529 Hamburg, Germany
Managing Director / Publishing direction: Harald Hof
Print: Books on Demand GmbH, In de Tarpen 42, 22848 Norderstedt

school

skóli

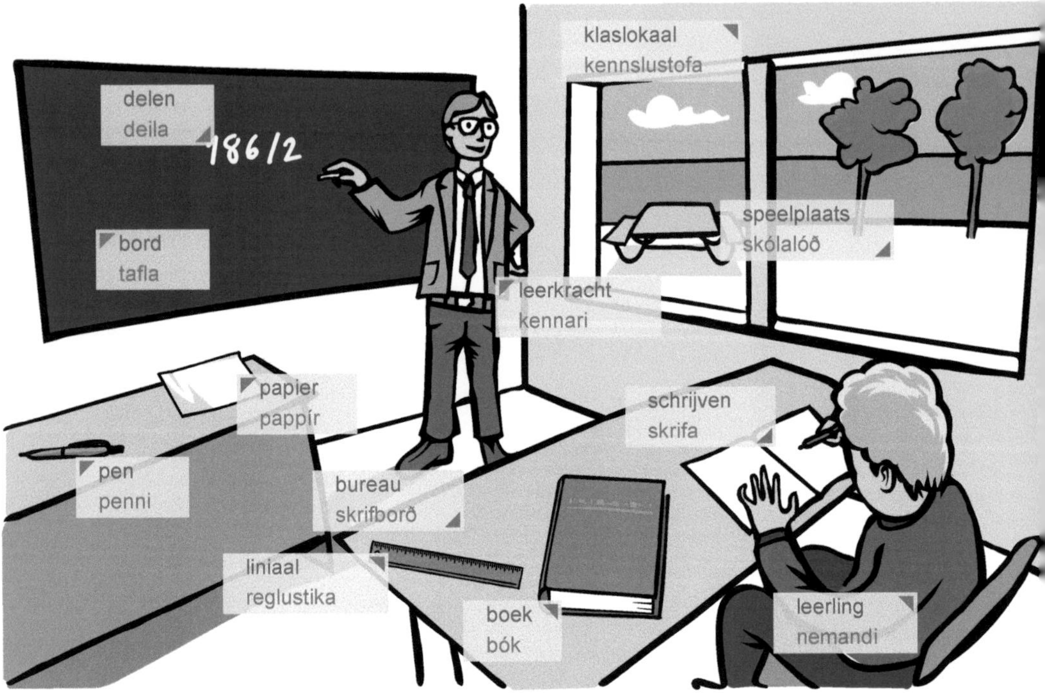
klaslokaal
kennslustofa
delen
deila
186/2
bord
tafla
speelplaats
skólalóð
leerkracht
kennari
papier
pappír
schrijven
skrifa
pen
penni
bureau
skrifborð
liniaal
reglustika
boek
bók
leerling
nemandi

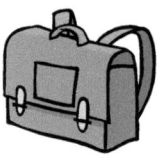

schooltas

skólataska

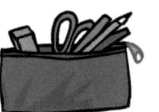

pennenzak

pennaveski

potlood

blýantur

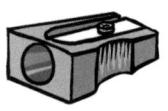

puntenslijper

yddari

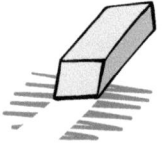

gom

strokleður

tekenblok

teikniblað

tekening
teikning

verfborstel
pensill

verfdoos
litakassi

schaar
skæri

lijm
lím

werkboek
æfingabók

huiswerk
heimavinna

12

nummer
númer

2+2

optellen
leggja saman

5-2

aftrekken
draga frá

2×2

vermenigvuldigen
margfalda

rekenen
reikna

A

letter
bréf

ABCDEFG
HIJKLMN
OPQRSTU
VWXYZ

alfabet
stafróf

woord
orð

tekst
texti

Lezen
lesa

krijt
krít

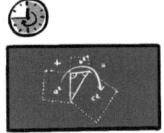

les
kennslustund

klassenboek
kladdi

examen
próf

certificaat
vottorð

schooluniform
skólabúningur

onderwijs
menntun

encyclopedie
alfræðirit

universiteit
háskóli

microscoop
smásjá

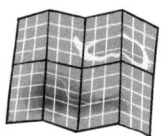

kaart
kort

papiermand
ruslakarfa

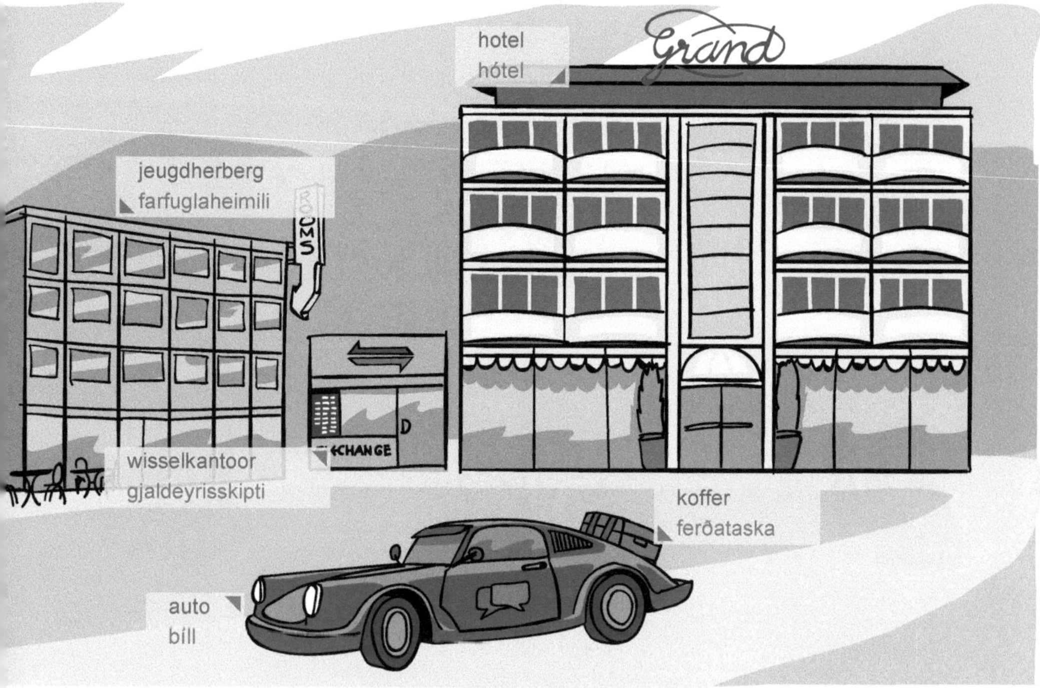

hotel
hótel

Grand

jeugdherberg
farfuglaheimili

wisselkantoor
gjaldeyrisskipti

koffer
ferðataska

auto
bíll

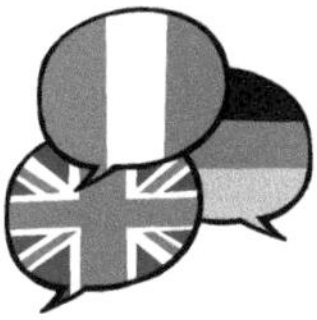

		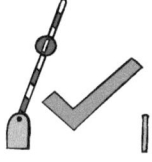
Taal	ja / nee	oké
tungumál	já / nei	allt í lagi

hallo	vertaler	bedankt
halló	þýðandi	takk fyrir

Hoeveel kost ...?

hvað kostar...?

Ik begrijp het niet

Ég skil ekki

probleem

vandamál

Goedenavond!

Gott kvöld!

Goedemorgen!

Góðan dag!

Goedenavond!

Góða nótt!

Tot ziens

bless bless

richting

átt

bagage

farangur

zak

taska

rugzak

bakpoki

gast

gestur

kamer

herbergi

slaapzak

svefnpoki

tent

tjald

reis - ferðalög

toeristeninformatie

upplýsingamiðstöð

strand

strönd

kredietkaart

kreditkort

ontbijt

morgunverður

lunch

hádegisverður

avondeten

kvöldmatur

ticket

farmiði

lift

lyfta

postzegel

frímerki

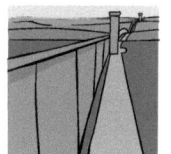

grens

landamæri

douane

tollur

ambassade

sendiráð

visum

vegabréfsáritun

paspoort

vegabréf

transport
samgöngur

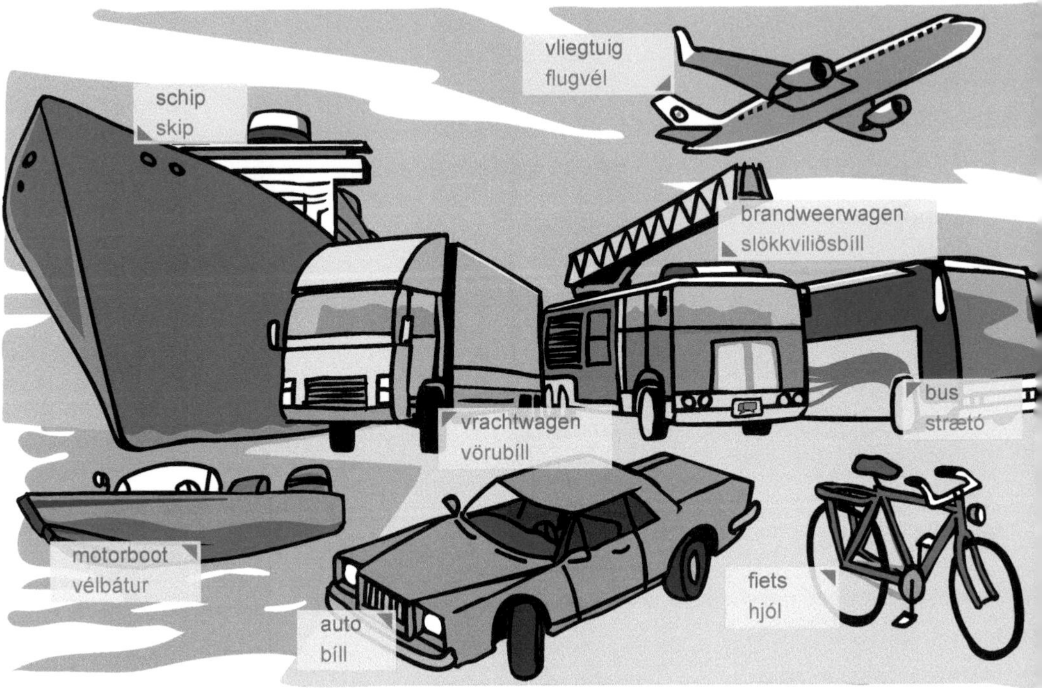
vliegtuig
flugvél
schip
skip
brandweerwagen
slökkviliðsbíll
bus
strætó
vrachtwagen
vörubíll
motorboot
vélbátur
fiets
hjól
auto
bíll

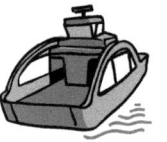

veerboot

ferja

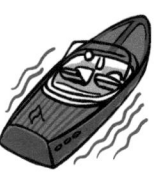

boot

bátur

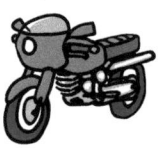

motor

mótorhjól

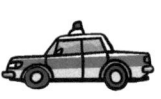

politiewagen

lögreglubíll

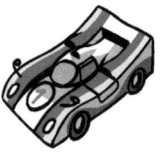

racewagen

kappakstursbíll

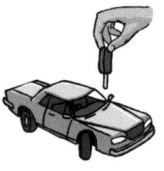

huurauto

bílaleigubíll

carpoolen

bílasamneyti

sleepwagen

dráttarbíll

vuilniswagen

öskubíll

motor

vél

benzine

eldsneyti

benzinestation

bensínstöð

verkeersbord

umfcrðarskilti

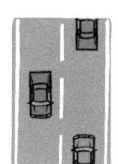

verkeer

umferð

file

umferðarteppa

parkeerplaats

bílastæði

station

lestarstöð

sporen

járnbrautarteinar

trein

lest

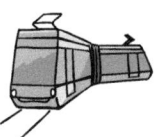

tram

sporvagn

wagon

vagn

helikopter
þyrla

luchthaven
flugvöllur

toren
turn

passagier
farþegi

container
gámur

karton
pappakassi

kar
kerra

mand
karfa

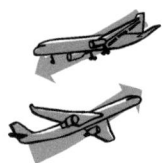

opstijgen / landen
takast á loft / lenda

stad
borg

dorp
þorp

stadscentrum
miðbær

huis
hús

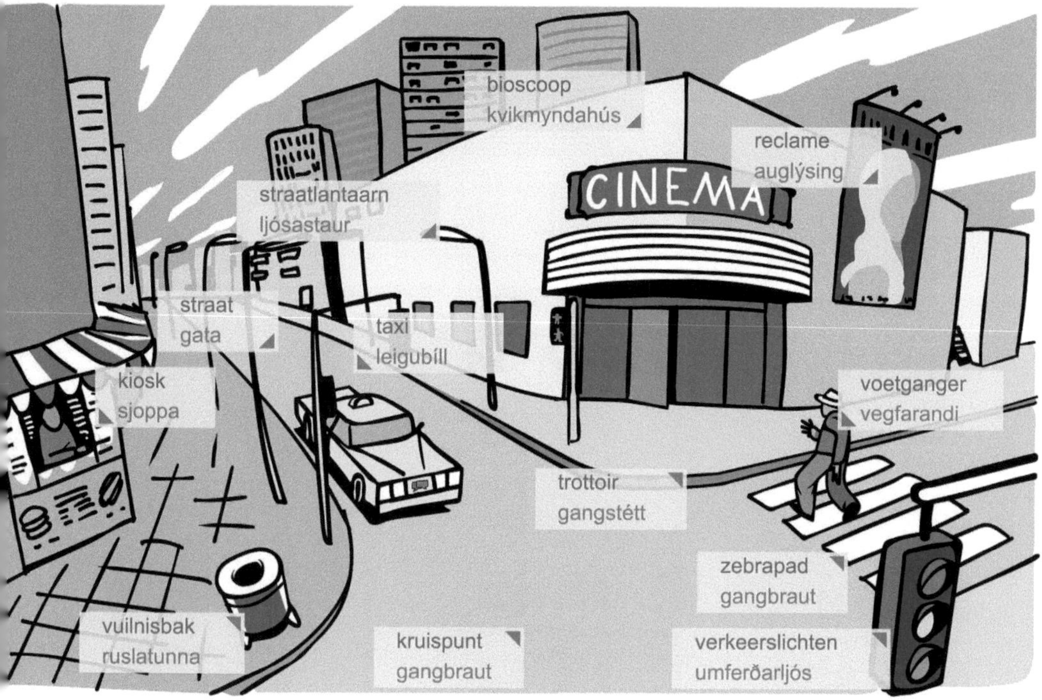

bioscoop
kvikmyndahús

reclame
auglýsing

straatlantaarn
ljósastaur

CINEMA

straat
gata

taxi
leigubíll

kiosk
sjoppa

voetganger
vegfarandi

trottoir
gangstétt

zebrapad
gangbraut

vuilnisbak
ruslatunna

kruispunt
gangbraut

verkeerslichten
umferðarljós

hut
skáli

woning
íbúð

station
lestarstöð

stadshuis
ráðhús

museum
safn

school
skóli

universiteit

háskóli

bank

banki

ziekenhuis

sjúkrahús

hotel

hótel

apotheek

apótek

kantoor

skrifstofa

boekwinkel

bókabúð

winkel

búð

bloemenwinkel

blómabúð

supermarkt

kjörbúð

markt

markaður

warenhuis

stórmarkaður

vishandelaar

fiskbúð

winkelcentrum

verslunarmiðstöð

haven

höfn

park

almenningsgarður

bank

bekkur

brug

brú

trap

stigi

metro

neðanjarðarlest

tunnel

göng

bushalte

biðstöð

bar

bar

restaurant

veitingastaður

brievenbus

póstkassi

straatnaambord

götuskilti

parkeermeter

stöðumælir

zoo

dýragarður

zwembad

sundlaug

moskee

moska

boerderij
bær

milieuverontreiniging
mengun

kerkhof
kirkjugarður

kerk
kirkja

speelplaats
leiksvæði

tempel
musteri

landschap
landslag

blad
laufblað

wegwijzer
leiðarvísir

weg
leið

weide
engi

steen
steinn

boom
tré

wandelaar
göngufólk

rivier
á

gras
gras

bloem
blóm

vallei
dalur

heuvel
hæð

meer
stöðuvatn

bos
skógur

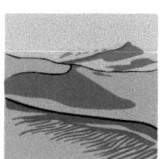

woestijn
eyðimörk

vulkaan
eldfjall

kasteel
kastali

regenboog
regnbogi

paddenstoel
sveppur

palmboom
pálmatré

mug
moskítófluga

vlieg
fluga

mier
maur

bijl
býfluga

spin
kónguló

kever

bjalla

kikker

froskur

eekhoorn

íkorni

egel

broddgöltur

haas

héri

uil

ugla

vogel

fugl

zwaan

svanur

wild zwijn

villisvín

hert

dádýr

eland

elgur

dam

stífla

windturbine

vindmylla

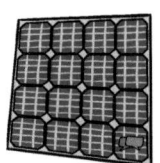

zonnepaneel

sólarrafhlaða

klimaat

loftslag

restaurant
veitingastaður

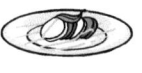

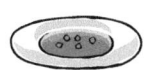

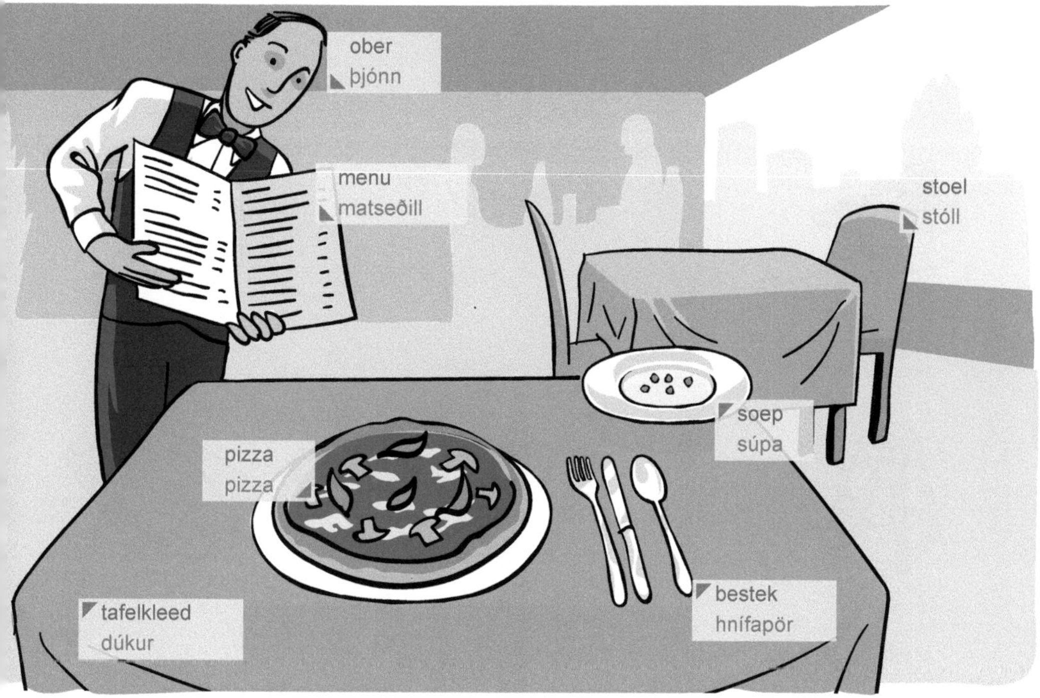

ober
þjónn
menu
matseðill
stoel
stóll
soep
súpa
pizza
pizza
bestek
hnífapör
tafelkleed
dúkur

voorgerecht

forréttur

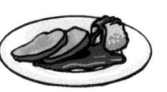

hoofdgerecht

aðalréttur

nagerecht

eftirréttur

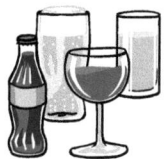

drankjes

drykkir

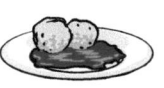

eten

matur

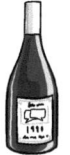

fles

flaska

fastfood

skyndibiti

street food

götumatur

theepot

teketill

suikerpot

sykurskál

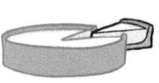

portie

skammtur

espressomachine

espressovél

kinderstoel

barnastóll

rekening

reikningur

dienblad

bakki

mes

hnífur

vork

gaffall

lepel

skeið

theelepel

teskeið

serviette

servíetta

glas

glas

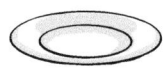

bord
diskur

soepbord
súpudiskur

schoteltje
undirskál

saus
sósa

zoutvatje
saltstaukur

pepermolen
piparkvörn

azijn
edik

olie
olía

kruiden
krydd

ketchup
tómatsósa

mosterd
sinnep

mayonaise
majónes

supermarkt
kjörbúð

aanbieding
tilboð
FOR
klant
viðskiptavinur
zuivelproducten
mjólkurvörur
fruit
ávöxtur
winkelwagen
búðarkerra

BUTCHERS

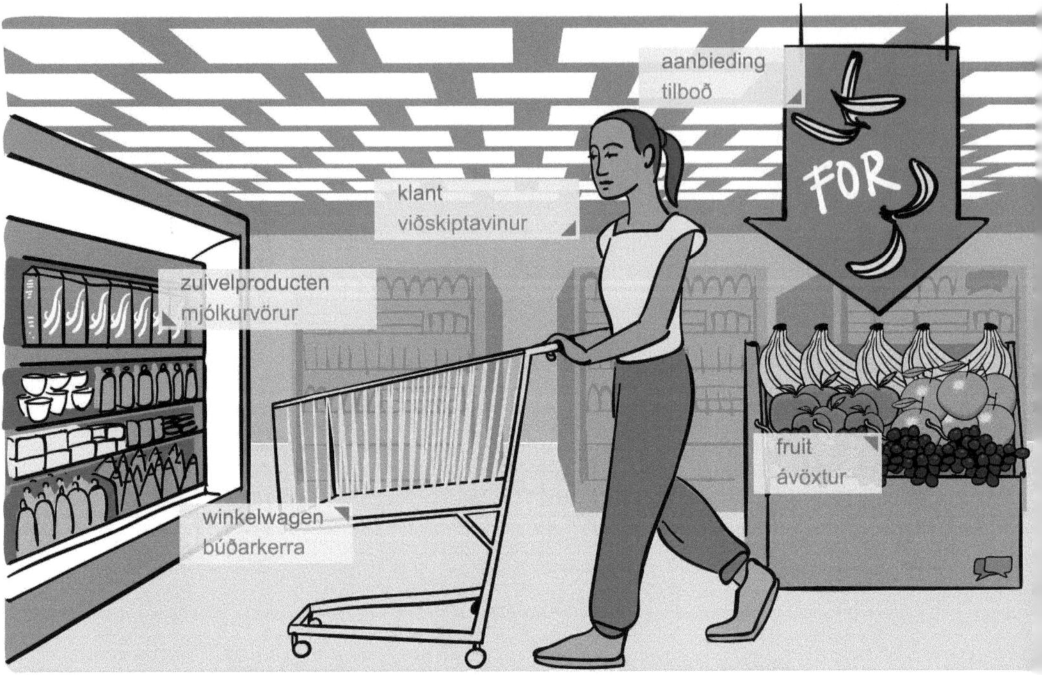

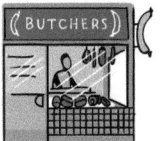

slagerij

slátrari

BAKERY

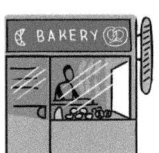

bakkerij

bakarí

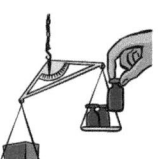

wegen

vega

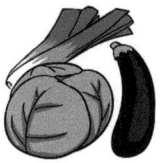

groenten

grænmeti

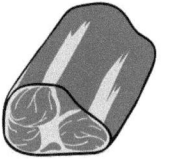

vlees

kjöt

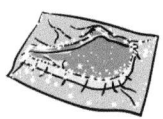

diepvriesvoedsel

frosinn matur

charcuterie

kjötálegg

conserven

niðursoðinn matur

waspoeder

þvottaefni

snoep

sælgæti

huishoudproducten

vörur til heimilisnota

schoonmaakproducten

hreinsiefni

verkoopster

afgreiðslukona

kassa

afgreiðslukassi

kassier

gjaldkeri

boodschappenlijstje

innkaupalisti

openingstijden

opnunartímar

portefeuille

veski

kredietkaart

kreditkort

tas

poki

plastieken zakje

plastpoki

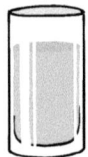

water

vatn

sap

safi

melk

mjólk

cola

kók

wijn

vín

bier

bjór

alcohol

áfengi

cacao

kakó

thee

te

koffie

kaffi

espresso

espresso

cappuccino

kaffi

banaan

banani

appel

epli

sinaasappel

appelsínugulur

meloen

melóna

citroen

sítróna

wortel

gulrót

knoflook

hvítlaukur

bamboe

bambus

ajuin

laukur

champignon

sveppir

noten

hnetur

noodles

núðlur

spaghetti

spagettí

rijst

hrísgrjón

salade

salat

frieten

franskar kartöflur

gebakken aardappelen

steiktar kartöflur

pizza

pizza

hamburger

hamborgari

sandwich

samloka

kalfslapje

snitsel

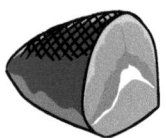

ham

skinka

salami

salami

worst

pylsa

kip

kjúklingur

braden

steik

vis

fiskur

havervlokken	muesli	cornflakes
haframjöl	múslí	kornflögur

bloem	croissant	pistolet
hveiti	franskt horn	smábrauð

brood	toast	koekjes
brauð	ristað brauð	kex

boter	kwark	taart
smjör	ystingur	kaka
		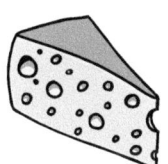
ei	spiegelei	kaas
egg	spælt egg	ostur

ijs

ís

suiker

sykur

honing

hunang

confituur

sulta

choco

súkkulaðiálegg

curry

karrý

boerderij
bær

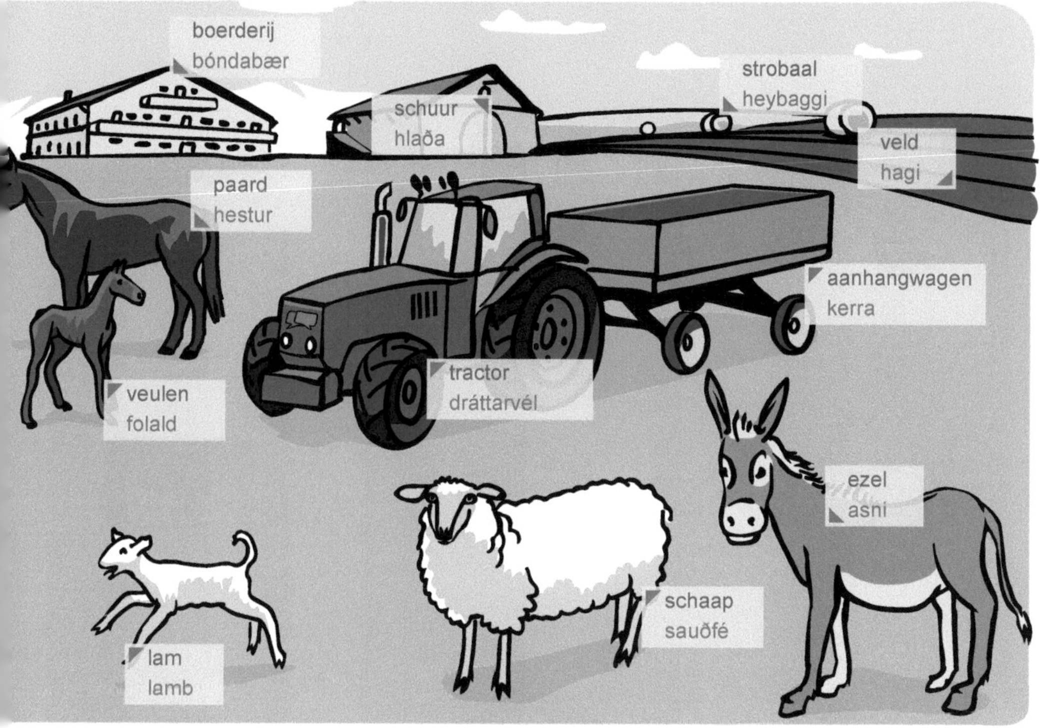
boerderij
bóndabær
schuur
hlaða
strobaal
heybaggi
veld
hagi
paard
hestur
aanhangwagen
kerra
tractor
dráttarvél
veulen
folald
ezel
asni
schaap
sauðfé
lam
lamb

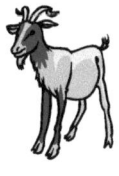

geit

geit

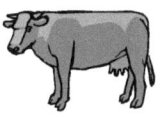

koe

kýr

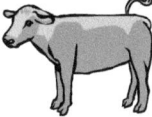

kalf

kálfur

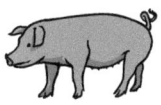

varken

svín

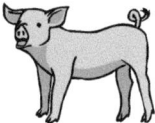

biggetje

grís

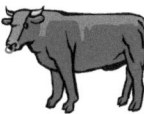

stier

naut

gans
gæs

eend
önd

kuiken
ungi

kip
hæna

haan
hani

rat
rotta

kat
köttur

muis
mús

os
uxi

hond
hundur

hondenhok
hundakofi

tuinslang
garðslanga

gieter
garðkanna

zeis
ljár

ploeg
plógur

sikkel

sigð

schoffel

hlújárn

hooivork

heygaffall

bijl

öxi

kruiwagen

hjólbörur

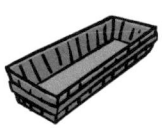

trog

trog

melkkan

mjólkurfata

zak

poki

hek

girðing

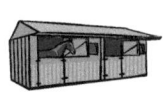

stal

gripahús

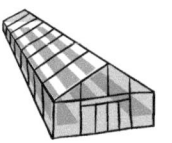

broeikas

gróðurhús

bodem

jarðvegur

zaad

fræ

mest

áburður

maaidorser

kornskurðarvél

oogsten

uppskera

oogst

uppskera

yam

kínverskar kartöflur

tarwe

hveiti

soja

soja

aardappel

kartafla

maïs

maís

koolzaad

repja

fruitboom

ávaxtatré

maniok

maníókarót

graan

korn

huis
hús

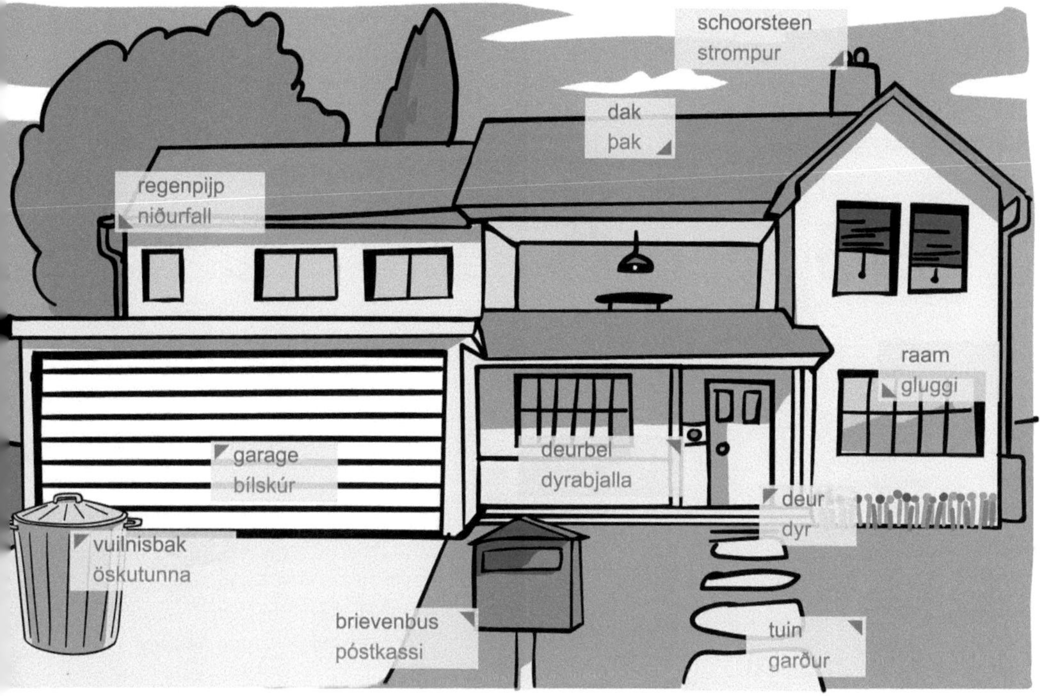
schoorsteen
strompur
dak
þak
regenpijp
niðurfall
raam
gluggi
deurbel
dyrabjalla
garage
bílskúr
deur
dyr
vuilnisbak
öskutunna
brievenbus
póstkassi
tuin
garður

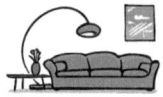

woonkamer

stofa

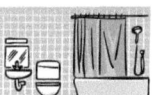

badkamer

baðherbergi

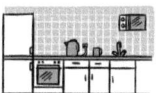

keuken

eldhús

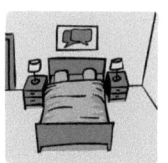

slaapkamer

svefnherbergi

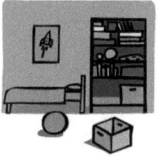

kinderkamer

barnaherbergi

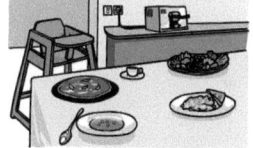

eetkamer

borðstofa

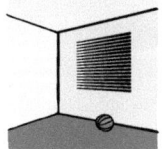

vloer

gólf

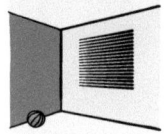

muur

veggur

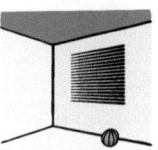

plafond

loft

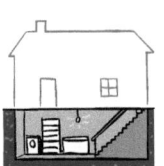

kelder

kjallari

sauna

gufubað

balkon

svalir

terras

verönd

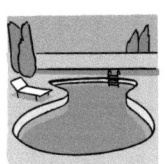

zwembad

sundlaug

grasmaaier

sláttuvél

dekbedovertrek

lak

dekbed

rúmteppi

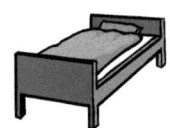

bed

rúm

bezem

kústur

emmer

fata

schakelaar

rofi

woonkamer
stofa

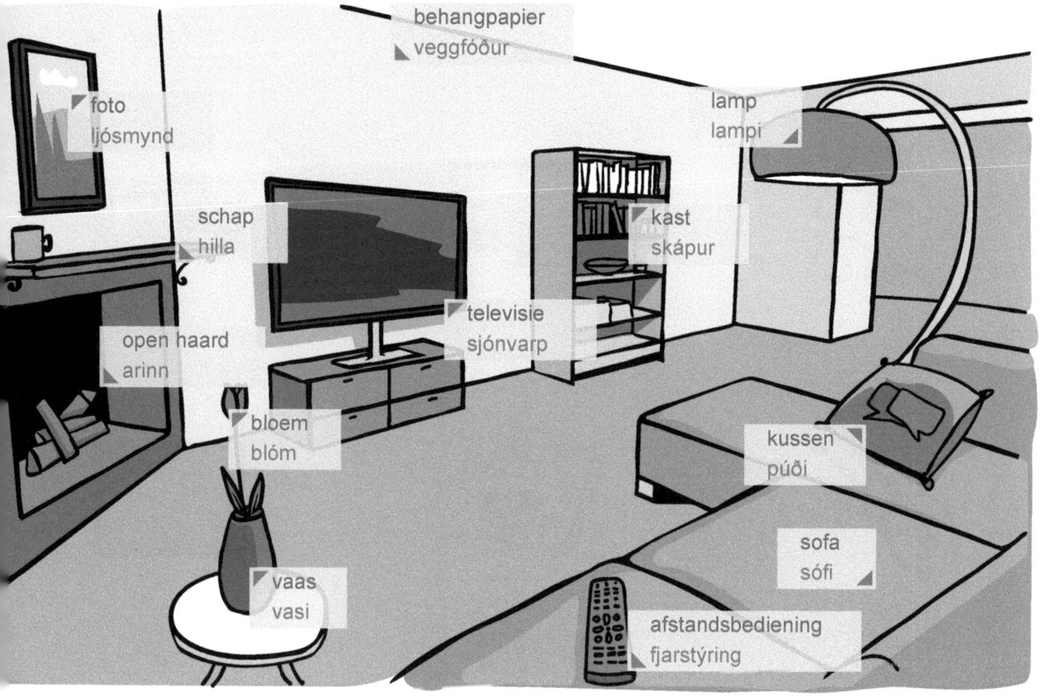

behangpapier
veggfóður
foto
ljósmynd
lamp
lampi
schap
hilla
kast
skápur
televisie
sjónvarp
open haard
arinn
bloem
blóm
kussen
púði
sofa
sófi
vaas
vasi
afstandsbediening
fjarstýring

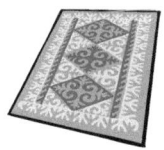

mat
teppi

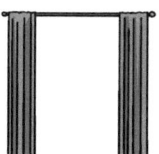

gordijn
gardínur

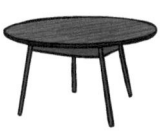

tafel
borð

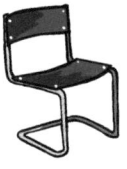

stoel
stóll

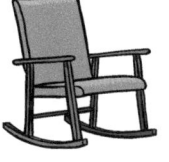

schommelstoel
ruggustóll

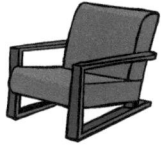

fauteuil
hægindastóll

boek

bók

deken

sæng

decoratie

skraut

brandhout

eldiviður

film

mynd

stereo-installatie

hljómflutningstæki

sleutel

lykill

krant

dagblað

schilderij

málverk

poster

veggspjald

radio

útvarp

notitieboekje

minnisbók

stofzuiger

ryksuga

cactus

kaktus

kaars

kerti

keuken
eldhús

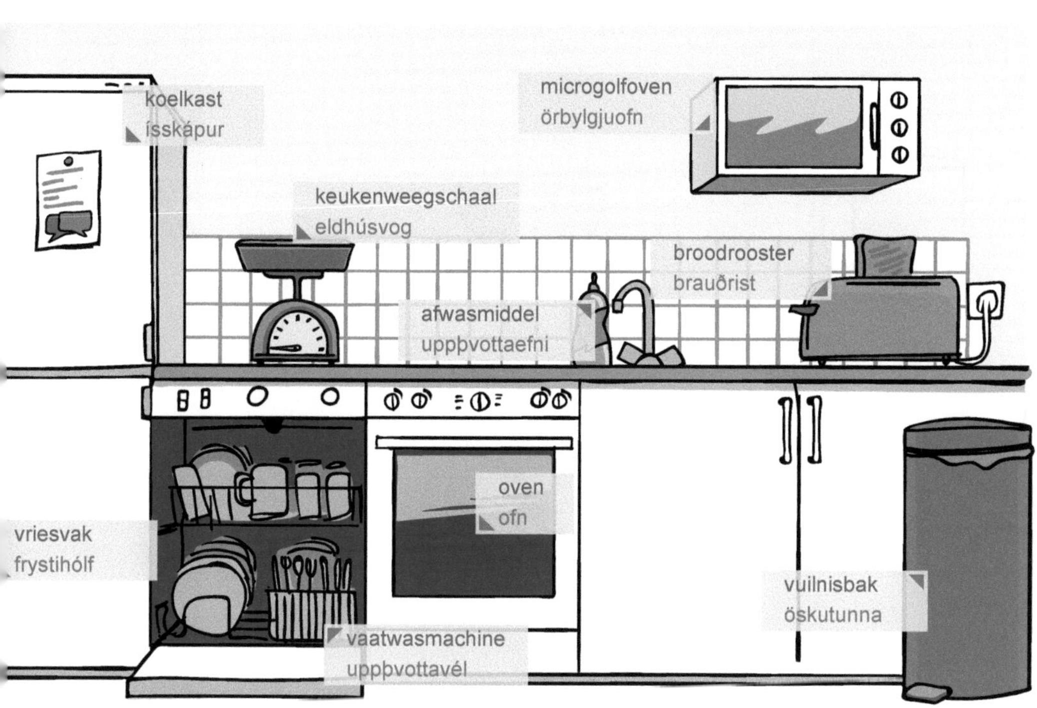
koelkast
ísskápur
microgolfoven
örbylgjuofn
keukenweegschaal
eldhúsvog
broodrooster
brauðrist
afwasmiddel
uppþvottaefni
oven
ofn
vriesvak
frystihólf
vuilnisbak
öskutunna
vaatwasmachine
uppþvottavél

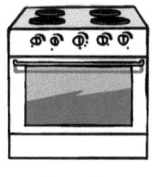

fornuis

eldavél

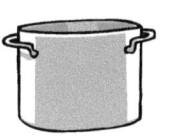

pot

pottur

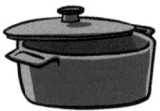

gietijzeren pot

steypujárnspottur

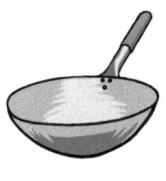

wok / kadai

wok/kadai

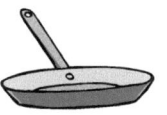

pan

panna

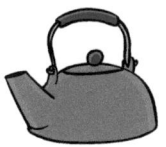

waterkoker

ketill

stoomkoker

gufukarfa

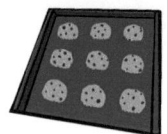

bakplaat

ofnform

servies

leirtau

mok

mál

kom

skál

eetstokjes

prjónar

pollepel

ausa

spatel

spaði

garde

pískur

vergiet

sigti

zeef

málmsigti

rasp

rifjárn

mortier

mortél

barbecue

grill

haardvuur

opinn eldur

snijplank

skurðarbretti

deegrol

kökukefli

kurkentrekker

tappatogari

blik

dós

blikopener

dósaopnari

pannenlap

pottaleppur

gootsteen

vaskur

borstel

bursti

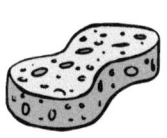

spons

svampur

blender

blandari

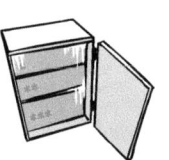

vriezer

frystir

papfles

peli

kraan

blöndunartæki

badkamer
baðherbergi

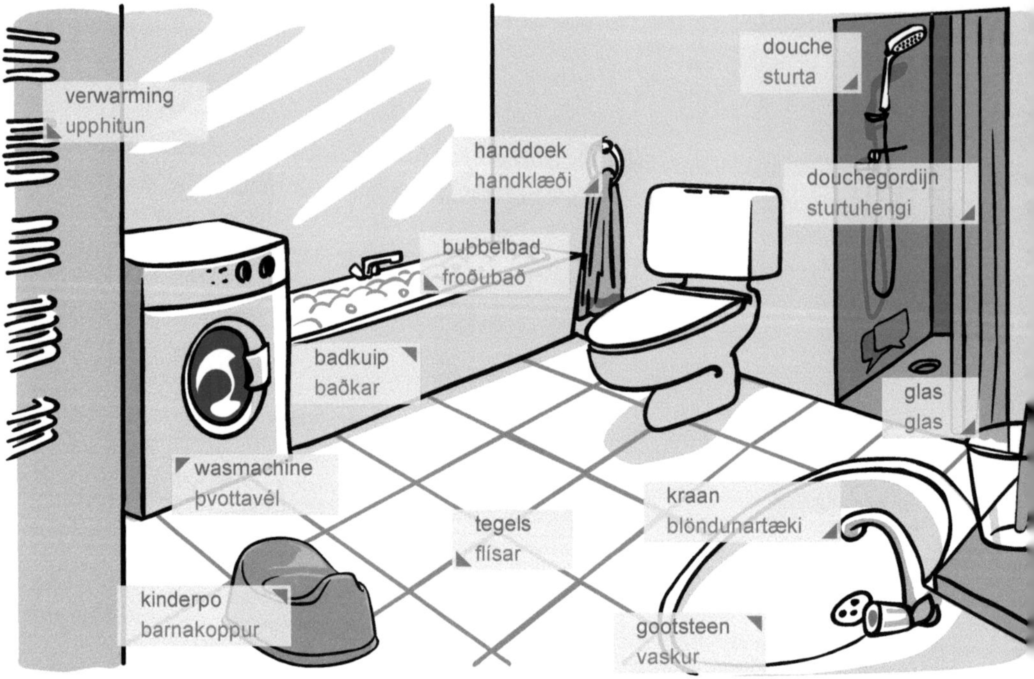

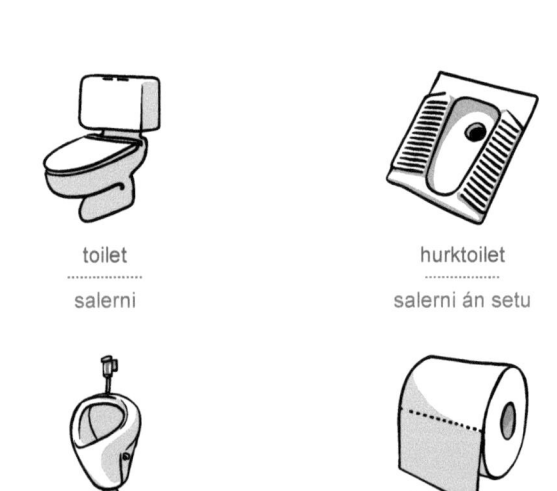

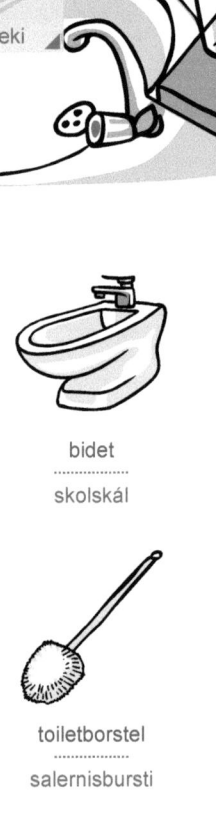

douche
sturta
verwarming
upphitun
handdoek
handklæði
douchegordijn
sturtuhengi
bubbelbad
froðubað
badkuip
baðkar
glas
glas
wasmachine
þvottavél
kraan
blöndunartæki
tegels
flísar
kinderpo
barnakoppur
gootsteen
vaskur

toilet

salerni

hurktoilet

salerni án setu

bidet

skolskál

urinoir

þvagskál

toiletpapier

salernispappír

toiletborstel

salernisbursti

tandenborstel

tannbursti

tandpasta

tannkrem

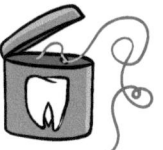

flosdraad

tannþráður

wassen

þvo

handdouche

handsturta

bidethanddouche

salernissturta

waskom

vaskur

rugborstel

bakbursti

zeep

sápa

douchegel

sturtugel

shampoo

sjampó

washandje

flannel

afvoer

niðurfall

crème

krem

deodorant

svitalyktareyðir

spiegel

spegill

handspiegel

handspegill

scheermes

rakskafa

scheerschuim

raksápa

aftershave

rakspíri

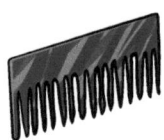

kam

greiða

borstel

bursti

haardroger

hárþurrka

haarlak

hársprey

make-up

farði

lippenstift

varalitur

nagellak

naglalakk

watten

bómull

nagelknipper

naglaklippur

parfum

ilmvatn

toilettas

þvottapoki

kruk

kollur

weegschaal

vog

badjas

sloppur

latex handschoenen

gúmmíhanskar

tampon

tíðatappi

maandverband

dömubindi

chemisch toilet

efnasalerni

kinderkamer
barnaherbergi

wekker
vekjaraklukka
knuffel
mjúkt leikfang
speelgoedauto
leikfangabíll
rammelaar
hrista
poppenhuis
dúkkuhús
geschenk
gjöf

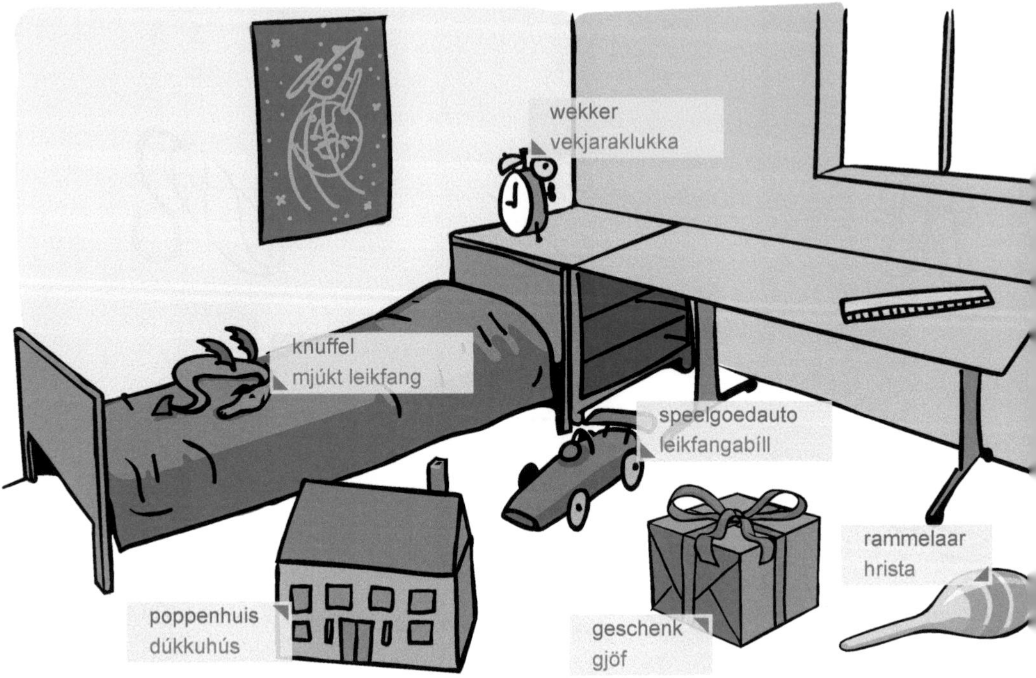

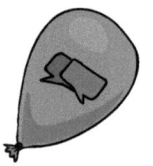

ballon
blaðra

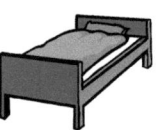

bed
rúm

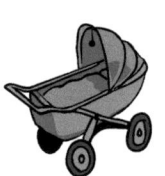

kinderwagen
barnavagn

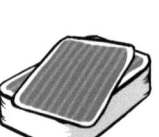

spel kaarten
spilastokkur

puzzel
púsluspil

SUPER
MEGA

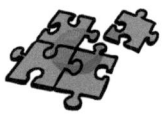

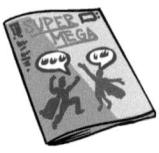

stripboek
myndasaga

legoblokjes

legókubbar

blokken

leikfangakubbar

actiefiguur

leikfangakall

kruippakje

samfestingur

frisbee

Frisbídiskur

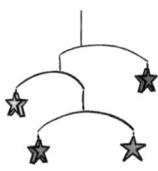

mobiel

órói

bordspel

spilaborð

dobbelsteen

teningar

modelspoorweg

lestarlíkan

fopspeen

snuð

feest

veisla

prentenboek

myndabók

bal

bolti

pop

brúða

spelen

spila

zandbak

sandkassi

schommel

sveifla

speelgoed

leikföng

spelconsole

leikjatölva

driewieler

þríhjól

knuffelbeer

bangsi

kleerkast

fataskápur

sokken

sokkar

kousen

kvensokkabuxur

maillot

sokkabuxur

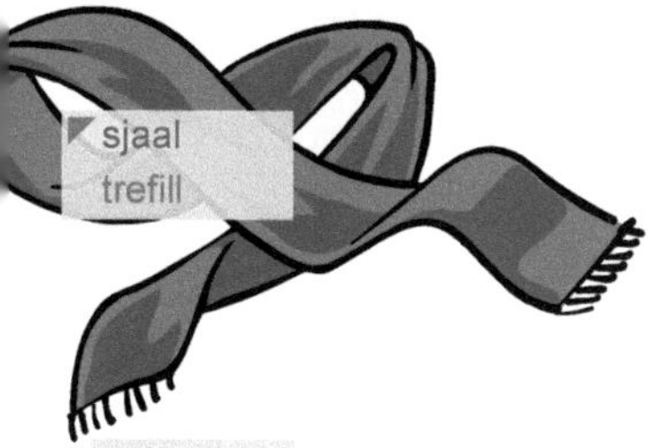

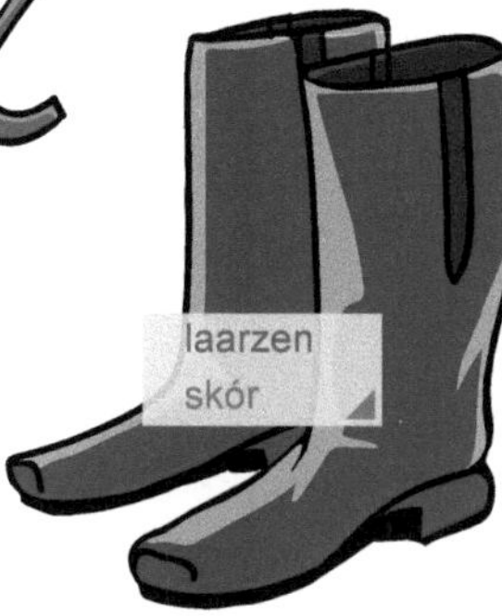

sjaal
trefill

paraplu
regnhlíf

riem
belti

T-shirt
stuttermabolur

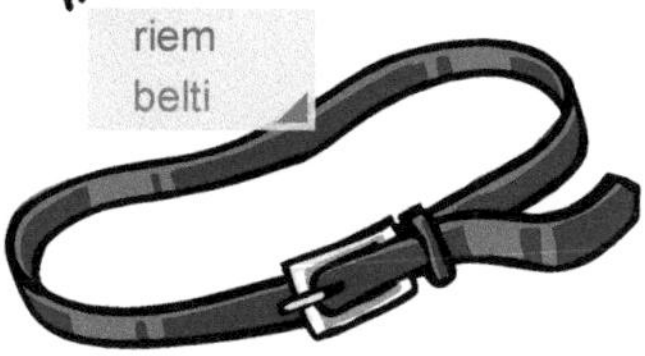

laarzen
skór

slippers
inniskór

sneakers
strigaskór

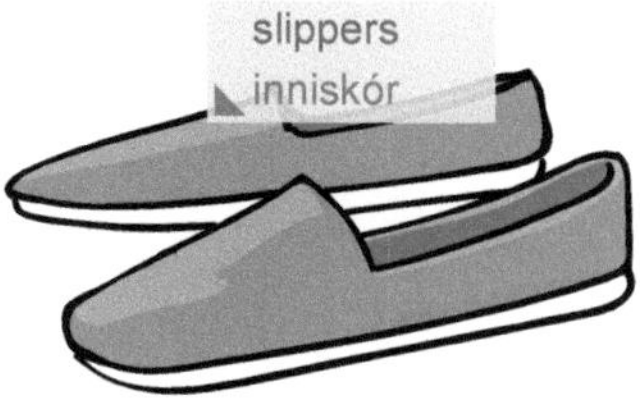

sandalen
....
sandalar

schoenen
....
skór

rubberlaarzen
....
gúmmístígvél

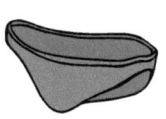

onderbroek
....
nærbuxur

beha
....
brjóstahaldari

onderhemd
....
vesti

lichaam

samfella

broek

buxur

jeans

gallabuxur

rok

pils

blouse

blússa

hemd

skyrta

trui

peysa

capuchontrui

hettupeysa

blazer

jakki

jas

jakki

jas

frakki

regenjas

regnfrakki

kostuum

dragt

jurk

kjóll

trouwjurk

brúðarkjóll

pak
jakkaföt

nachthemd
náttkjóll

pyjama
náttföt

sari
Sari

hoofddoek
höfuðslæða

tulband
túrban

boerka
búrka

kaftan
kaftan

abaya
abaya

badpak
sundföt

zwembroek
sundbuxur

short
stuttbuxur

trainingspak
íþróttagalli

schort
svunta

handschoenen
hanskar

knoop

hnappur

bril

gleraugu

armband

armband

ketting

hálsmen

ring

hringur

oorbel

eyrnalokkur

pet

húfa

kapstok

herðatré

hoed

hattur

das

bindi

rits

rennilás

helm

hjálmur

bretellen

axlabönd

schooluniform

skólabúningur

uniform

einkennisbúningur

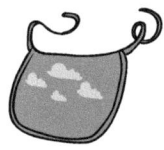

slabbetje

smekkur

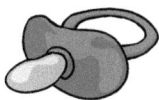

fopspeen

snuð

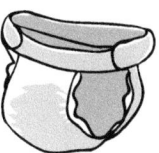

luier

bleyja

kantoor
skrifstofa

server
netþjónn
dossierkast
skjalaskápur
printer
prentari
papier
pappír
monitor
skjár
muis
mús
bureau
skrifborð
map
mappa
toestenbord
lyklaborð
papiermand
ruslakarfa
computer
tölva
stoel
stóll

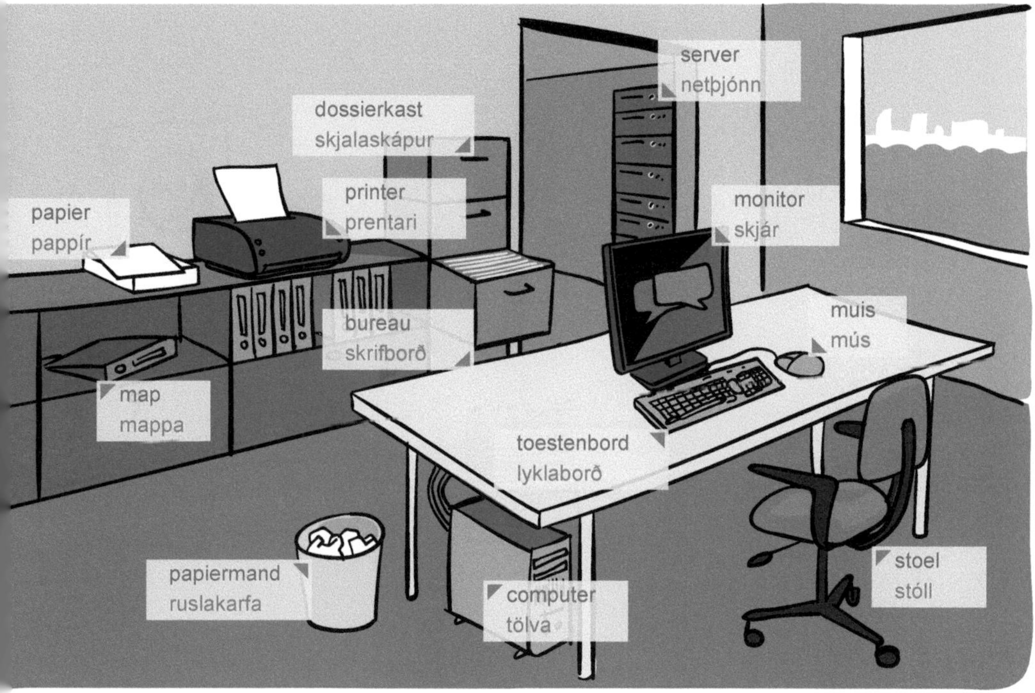

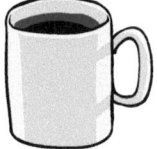

koffiemok

kaffibolli

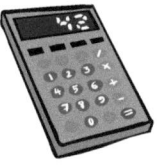

rekenmachine

reiknivél

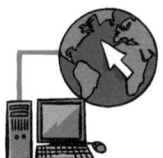

internet

internet

laptop

fartölva

brief

bréf

bericht

skilaboð

gsm

farsími

netwerk

net

kopieerapparaat

ljósritunarvél

software

hugbúnaður

telefoon

sími

stopcontact

innstunga

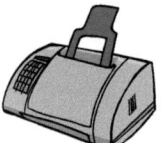

fax

faxtæki

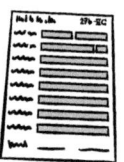

formulier

eyðublað

document

skjal

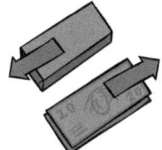

kopen
kaupa

betalen
borga

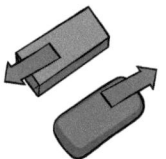

handelen
versla

geld
peningar

dollar
dollari

euro
evra

yen
jen

roebel
rúbla

Zwitserse frank
svissneskur franki

Chinese renminbi
renminbi yuan

roepie
rúpíur

geldautomaat
hraðbanki

wisselkantoor

gjaldeyrisskipti

goud

gull

zilver

silfur

olie

olía

energie

orka

prijs

verð

contract

samningur

belasting

skattur

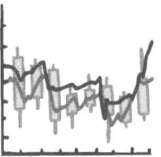

aandeel

hlutabréf

werken

vinna

werknemer

starfsmaður

werkgever

vinnuveitandi

fabriek

verksmiðja

winkel

búð

beroepen
starfsgreinar

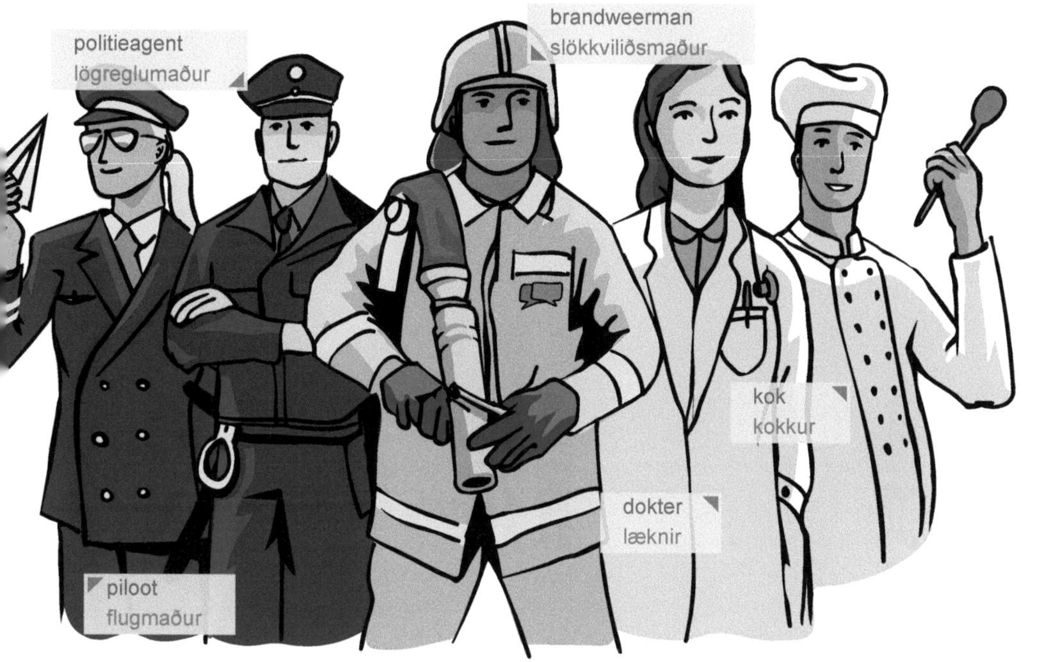
politieagent
lögreglumaður
brandweerman
slökkviliðsmaður
kok
kokkur
dokter
læknir
piloot
flugmaður

tuinman

garðyrkjumaður

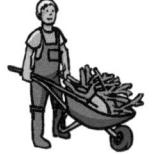

timmerman

smiður

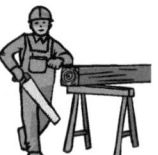

naaister

saumakona

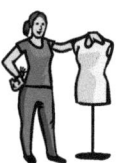

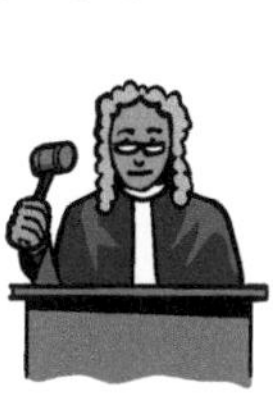

rechter

dómari

chemicus

lyfjafræðingur

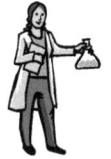

acteur

leikari

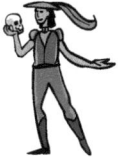

buschauffeur

strætóbílstjóri

taxichauffeur

leigubílstjóri

visser

sjómaður

schoonmaakster

ræstitæknir

dakdekker

þaksmiður

ober

þjónn

jager

veiðimaður

schilder

málari

bakker

bakari

elektricien

rafvirki

bouwvakker

byggingaverkamaður

ingenieur

verkfræðingur

slager

slátrari

loodgieter

pípari

postbode

póstmaður

soldaat

hermaður

architect

arkitekt

kassier

gjaldkeri

bloemist

blómasali

kapper

hárgreiðslumaður

conducteur

lestarstjóri

mecanicien

vélvirki

kapitein

skipstjóri

tandarts

tannlæknir

wetenschapper

vísindamaður

rabbijn

rabbíi

imam

Imam

monnik

munkur

geestelijke

prestur

werktuigen
verkfæri

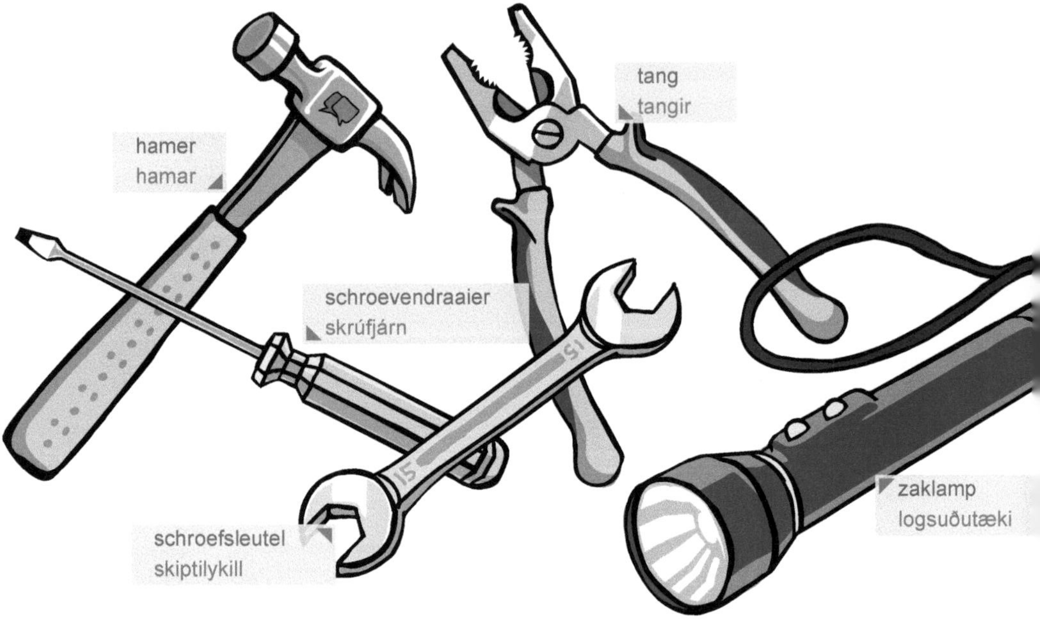

hamer
hamar
tang
tangir
schroevendraaier
skrúfjárn
schroefsleutel
skiptilykill
zaklamp
logsuðutæki

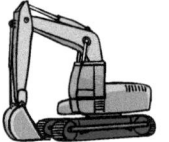

graafmachine

grafa

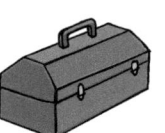

gereedschapskoffer

verkfærataska

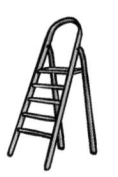

ladder

stigi

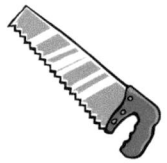

zaag

sög

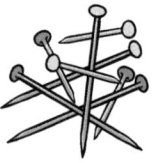

spijkers

naglar

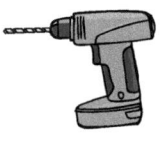

boormachine

bor

repareren

gera við

schop

skófla

Verdomme!

Fjandinn!

blik

fægiskófla

verfpot

málningarfata

schroeven

skrúfur

muziekinstrumenten
hljóðfæri

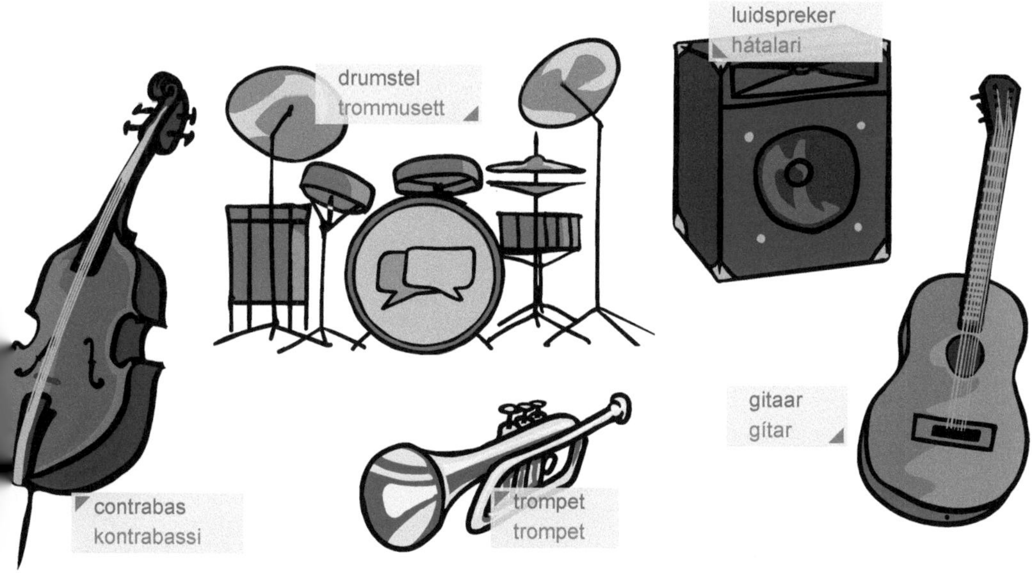

luidspreker
hátalari

drumstel
trommusett

gitaar
gítar

contrabas
kontrabassi

trompet
trompet

piano

píanó

viool

fiðla

basgitaar

bassi

pauk

pákur

trommels

trommur

keyboard

hljómborð

saxofoon

saxófónn

fluit

flauta

microfoon

hljóðnemi

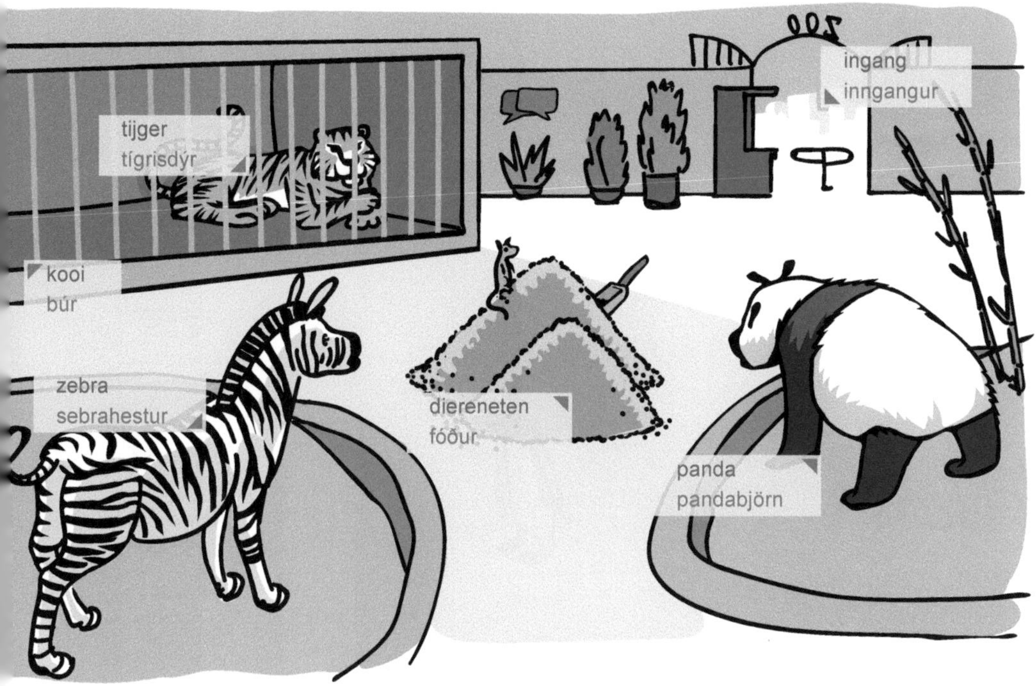

ingang
inngangur

tijger
tígrisdýr

kooi
búr

zebra
sebrahestur

diereneten
fóður

panda
pandabjörn

dieren

dýr

olifant

fíll

kangoeroe

kengúra

neushoorn

nashyrningur

gorilla

górilla

beer

skógarbjörn

kameel

úlfaldi

struisvogel

strútur

leeuw

ljón

aap

api

flamingo

flamingó

papegaai

páfagaukur

ijsbeer

ísbjörn

pinguïn

mörgæs

haai

hákarl

pauw

páfugl

slang

snákur

krokodil

krókódíll

dierenverzorger

dýragarðsvörður

zeehond

selur

jaguar

jagúar

pony

hestur

luipaard

hlébarði

nijlpaard

flóðhestur

giraffe

gíraffi

adelaar

örn

wild zwijn

villisvín

vis

fiskur

zeeschildpad

skjaldbaka

walrus

rostungur

vos

refur

gazelle

gasella

rugby
Amerískur fótbolti

wielrennen
hjólreiðar

tennis
tennis

basketbal
körfubolti

zwemmen
sund

boksen
hnefaleikar

ijshockey
íshokkí

voetbal

fótbolti

badminton

hnit

atletiek

frjálsar íþróttir

handbal

handbolti

skiën

skíði

polo

póló

lachen
hlæja

springen
hoppa

knuffelen
faðma

wandelen
ganga

zingen
syngja

dromen
dreyma

bidden
biðja

kussen
kyssa

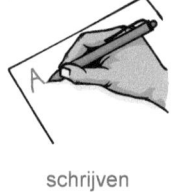

schrijven

skrifa

tekenen

teikna

tonen

sýna

duwen

ýta

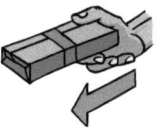

geven

gefa

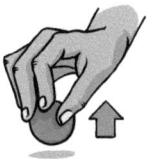

nemen

taka

hebben
hafa

doen
gera

zijn
vera

staan
standa

lopen
hlaupa

trekken
draga

gooien
kasta

vallen
detta

liggen
ljúga

wachten
bíða

dragen
bera

zitten
sitja

aankleden
klæða sig

slapen
sofa

ontwaken
vakna

activiteiten - athafnir

kijken naar

líta á

wenen

gráta

aaien

strjúka

kammen

greiða

praten

tala

begrijpen

skilja

vragen

spyrja

luisteren

hlusta

drinken

drekka

eten

borða

opruimen

taka til

houden van

elska

koken

elda

rijden

keyra

vliegen

fljúga

zeilen

sigla

rekenen

reikna

Lezen

lesa

leren

læra

werken

vinna

trouwen

giftast

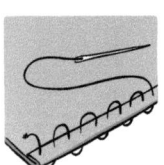

naaien

sauma

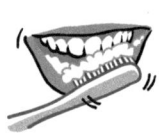

tandenpoetsen

bursta tennur

doden

drepa

roken

reykja

sturen

senda

familie
fjölskylda

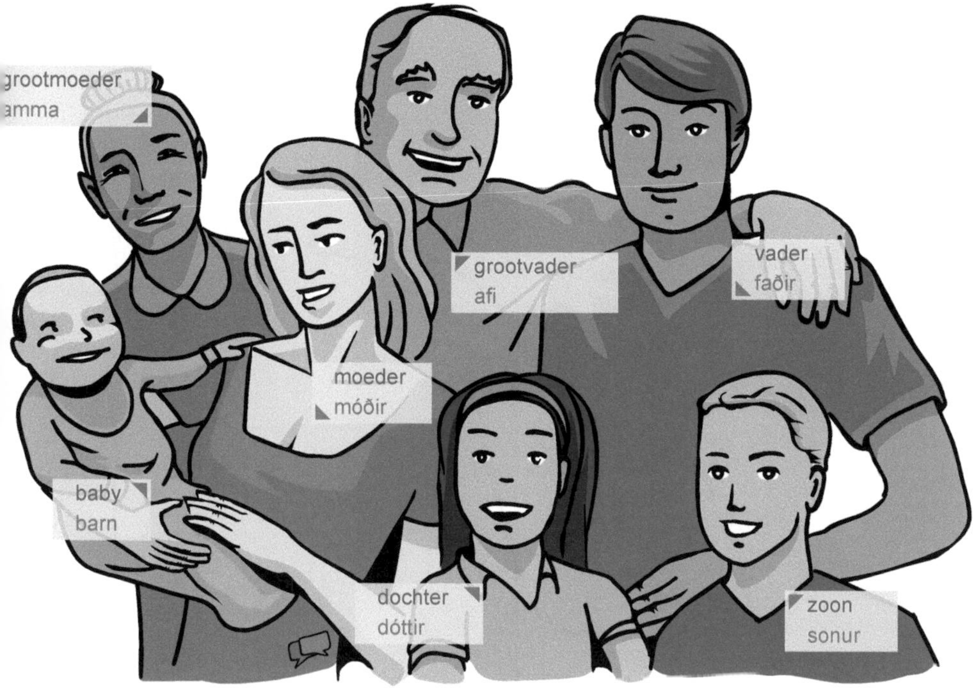

grootmoeder
amma
grootvader
afi
vader
faðir
moeder
móðir
baby
barn
dochter
dóttir
zoon
sonur

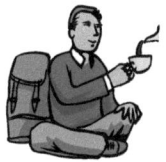

gast
gestur

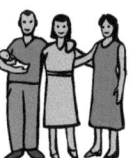

tante
frænka

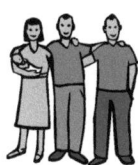

oom
frændi

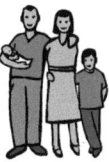

broer
bróðir

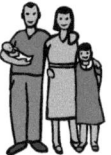

zus
systir

lichaam
líkami

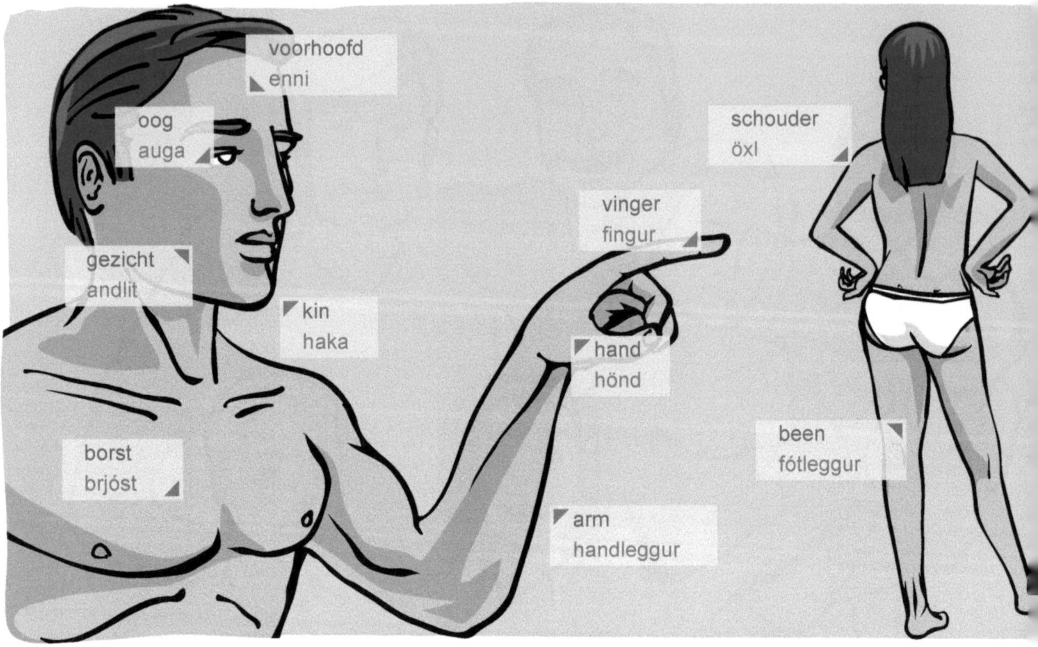

voorhoofd
enni

oog
auga

schouder
öxl

vinger
fingur

gezicht
andlit

kin
haka

hand
hönd

been
fótleggur

borst
brjóst

arm
handleggur

baby

barn

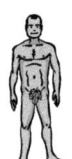

man

maður

vrouw

kona

meisje

stúlka

jongen

drengur

hoofd

höfuð

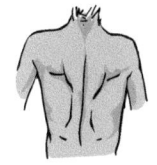

rug
bak

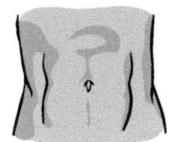

buik
kviður

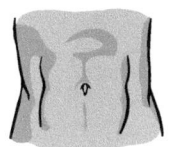

navel
nafli

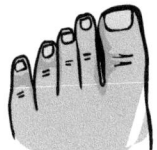

teen
tá

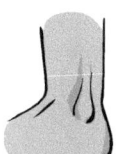

hiel
hæll

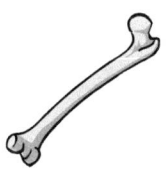

bot
bein

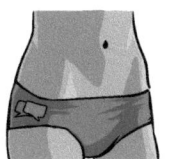

heup
mjöðm

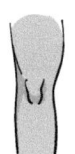

knie
hné

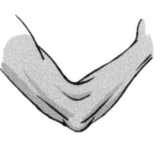

elleboog
olnbogi

neus
nef

zitvlak
rass

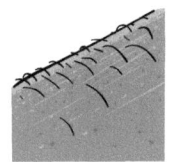

huid
húð

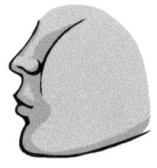

wang
kinn

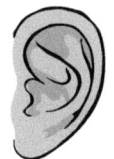

oor
eyra

lip
vör

mond

munnur

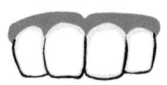

tand

tönn

tong

tunga

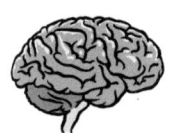

hersenen

heili

hart

hjarta

spier

vöðvi

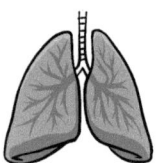

long

lunga

lever

lifur

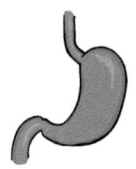

maag

magi

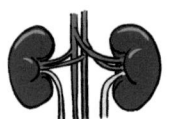

nieren

nýru

seks

kynmök

condoom

smokkur

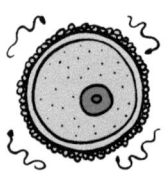

eicel

eggfruma

sperma

sæði

zwangerschap

ólétta

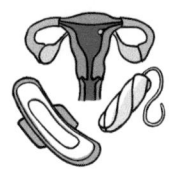

menstruatie
tíðir

vagina
leggöng

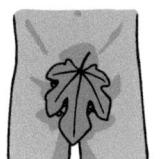

penis
typpi

wenkbrauw
augabrún

haar
hár

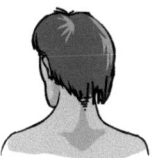

nek
háls

ziekenhuis
sjúkrahús

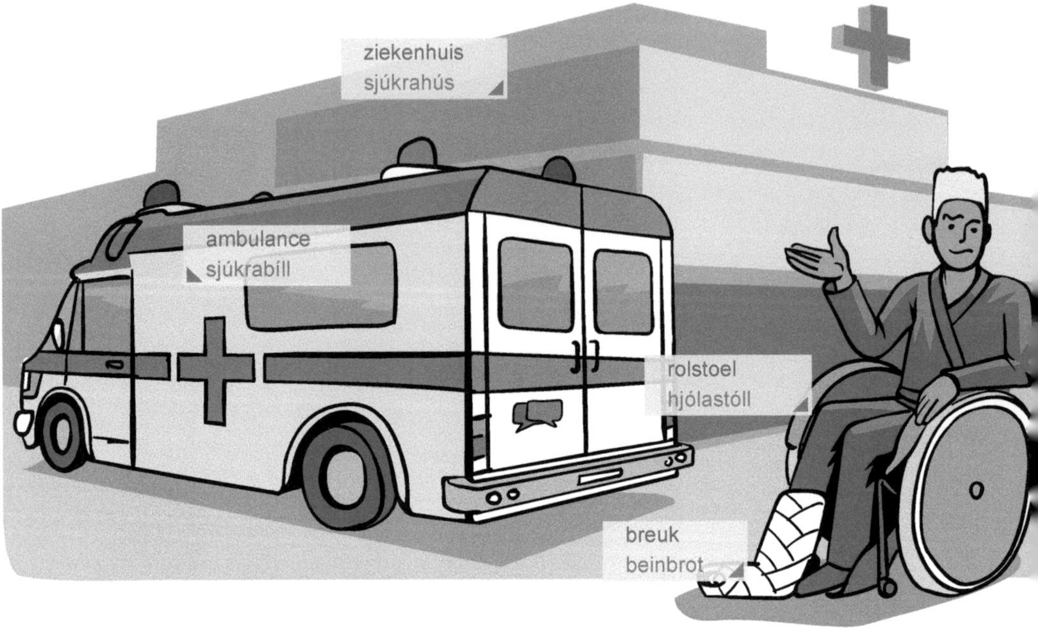

ziekenhuis
sjúkrahús
ambulance
sjúkrabíll
rolstoel
hjólastóll
breuk
beinbrot

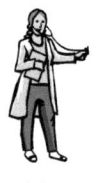

dokter

læknir

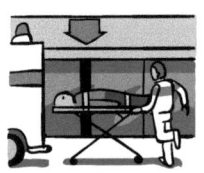

spoed

bráðamóttaka

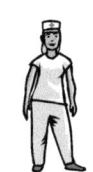

verpleegkundige

hjúkrunarfræðingur

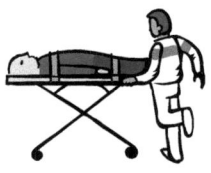

noodgeval

neyðartilvik

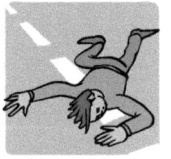

bewusteloos

meðvitundarlaus

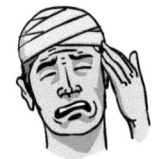

pijn

verkir

verwonding

meiðsli

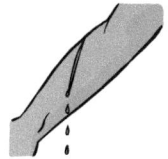

bloeding

blæðing

hartaanval

hjartaáfall

beroerte

heilablóðfall

allergie

ofnæmi

hoest

hósti

koorts

hiti

griep

flensa

diarree

niðurgangur

hoofdpijn

höfuðverkur

kanker

krabbamein

diabetes

sykursýki

chirurg

skurðlæknir

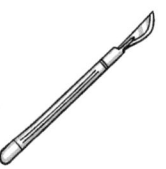

scalpel

skurðhnífur

operatie

aðgerð

CT
sneiðmyndataka

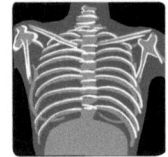

röntgenstraal
röntgengeisli

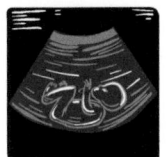

ultrageluid
ómskoðun

gezichtsmasker
andlitsgríma

ziekte
sjúkdómur

wachtkamer
biðstofa

kruk
hækja

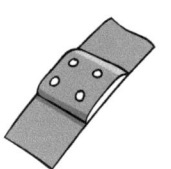

pleister
gifs

verband
sáraumbúðir

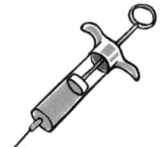

injectie
sprauta

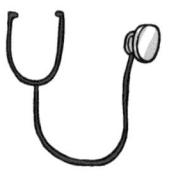

stethoscoop
hlustunarpípa

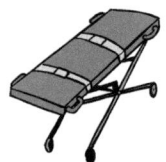

brancard
börur

thermometer
líkamshitamælir

geboorte
fæðing

overgewicht
yfirvigt

hoorapparaat

heyrnartæki

ontsmettingsmiddel

sótthreinsiefni

infectie

sýking

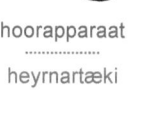

virus

veira

HIV / AIDS

HIV / AIDS

medicijn

lyf

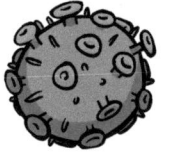

vaccinatie

bólusetning

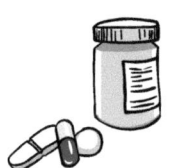

tabletten

töflur

pil

pilla

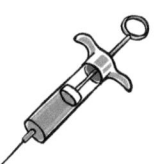

noodoproep

neyðarsímtal

bloeddrukmeter

blóðþrýstingsmælir

ziek / gezond

lasinn / heilbrigður

Help!	alarm	overval
Hjálp!	viðvörun	líkamsárás

aanval	gevaar	nooduitgang
árás	hætta	neyðarútgangur

Brand!	brandblusser	ongeval
Eldur!	slökkvitæki	slys
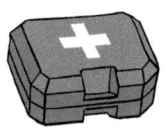		
EHBO-kit	SOS	politie
skyndihjálparbúnaður	SOS	lögregla

Europa

Evrópa

Noord-Amerika

Norður-Ameríka

Zuid-Amerika

Suður-Ameríka

Afrika

Afríka

Azië

Asía

Australië

Ástralía

Atlantische Oceaan

Atlantshaf

Stille Oceaan

Kyrrahaf

Indische Oceaan

Indlandshaf

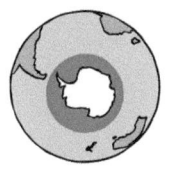

Antarctische Oceaan

Suður-Íshaf

Arctische Oceaan

Norður-Íshaf

Noordpool

Norðurpóll

Zuidpool

Suðurpóll

Antarctica

Suðurskautslandið

aarde

Jörð

land

land

zee

sjór

eiland

eyja

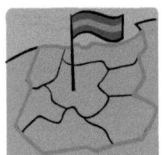

natie

þjóð

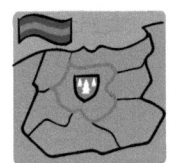

staat

ríki

wijzerplaat

klukkuskífa

uurwijzer

litli vísir

minuutwijzer

stóri vísir

secondewijzer

sekúnduvísir

Hoe laat is het?

Hvað er klukkan?

dag

dagur

tijd

tími

nu

nú

digitale horloge

tölvuúr

minuut

mínúta

uur

klukkustund

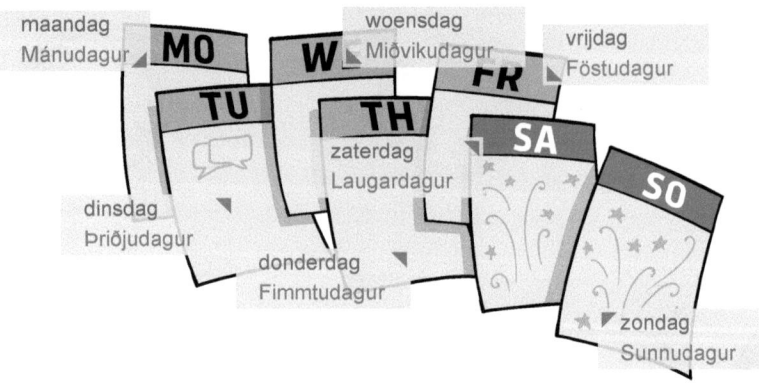

maandag
Mánudagur

woensdag
Miðvikudagur

vrijdag
Föstudagur

dinsdag
Þriðjudagur

zaterdag
Laugardagur

donderdag
Fimmtudagur

zondag
Sunnudagur

gisteren
í gær

vandaag
í dag

morgen
á morgun

ochtend
morgunn

middag
hádegi

avond
kvöld

werkdagen
virkir dagar

weekend
helgi

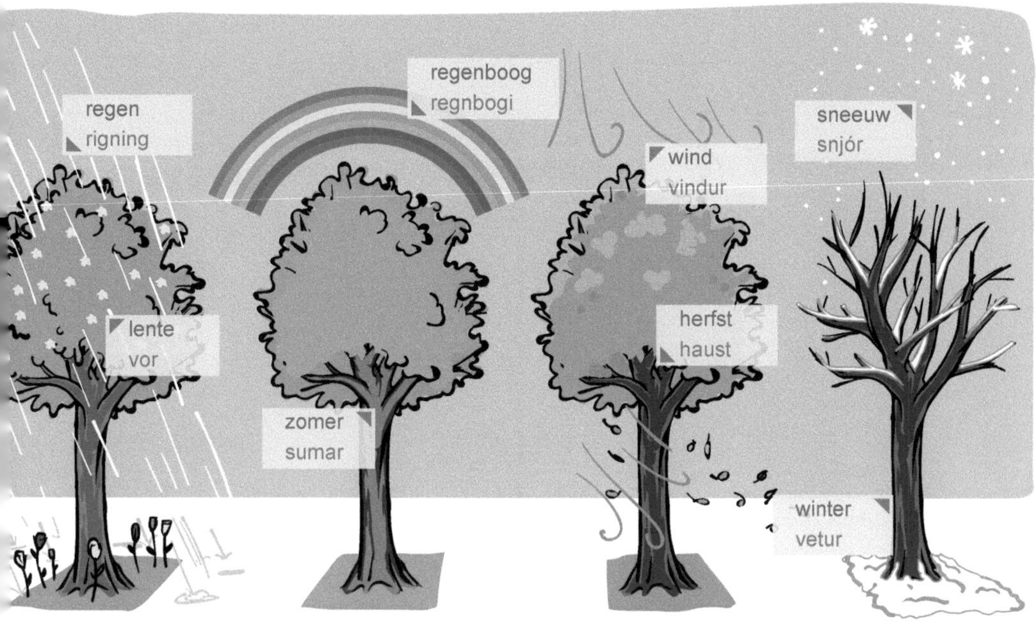
regen
rigning
regenboog
regnbogi
wind
vindur
sneeuw
snjór
lente
vor
zomer
sumar
herfst
haust
winter
vetur

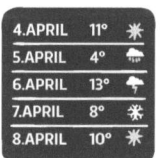

4.APRIL 11°
5.APRIL 4°
6.APRIL 13°
7.APRIL 8°
8.APRIL 10°

weervoorspelling

veðurspá

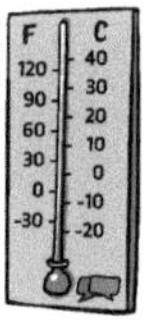
F
C
120
90
60
30
0
-30
40
30
20
10
0
-10
-20

thermometer

hitamælir

zonneschijn

sólskin

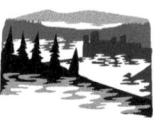

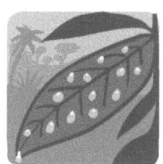

wolk

ský

mist

þoka

vochtigheid

raki

bliksem

eldingar

donder

þrumuveður

storm

stormur

hagel

haglél

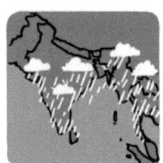

moesson

monsún

overstroming

flóð

ijs

ís

januari

Janúar

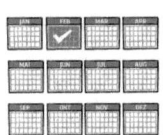

februari

Febrúar

maart

Mars

april

Apríl

mei

Maí

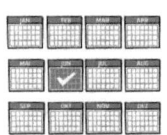

juni

Júní

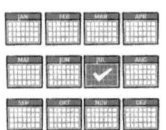

juli

Júlí

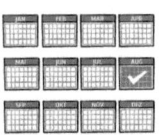

augustus

Ágúst

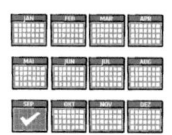

september
September

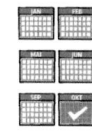

oktober
Október

november
Nóvember

december
Desember

vormen
form

cirkel
hringur

kwadraat
ferningur

rechthoek
rétthyrningur

driehoek
þríhyrningur

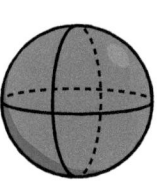

bol
kúla

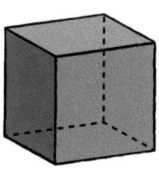

kubus
teningur

wit
....
hvítur

geel
....
gulur

oranje
....
appelsínugulur

roze
....
bleikur

rood
....
rauður

paars
....
fjólublár

blauw
....
blár

groen
....
grænn

bruin
....
brúnn

grijs
....
grár

zwart
....
svartur

veel / weinig
mikið / lítið

boos / kalm
reiður / rólegur

mooi / lelijk
fallegur / ljótur

begin / einde
upphaf / endir

groot / klein
stór / lítill

licht / donker
bjartur / dimmur

broer / zus
bróðir / systir

proper / vuil
hreinn / óhreinn

volledig / onvolledig
heill / ófullnægjandi

dag / nacht
dagur / nótt

dood / levend
dauður / lifandi

breed / smal
breiður / mjór

eetbaar / oneetbaar

ætur / óætur

kwaadaardig / vriendelijk

vondur / góður

opgewonden / verveeld

spenntur / leiður

dik / dun

feitur / mjór

eerst / laatst

fyrstur / síðastur

vriend / vijand

vinur / óvinur

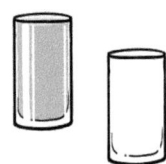

vol / leeg

fullur / tómur

hard / zacht

harður / mjúkur

zwaar / licht

þungur / léttur

honger / dorst

svangur / þyrstur

ziek / gezond

lasinn / heilbrigður

illegaal / legaal

ólöglegur / löglegur

intelligent / dom

greindur / heimskur

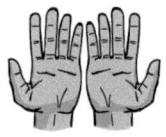

links / rechts

vinstri / hægri

dichtbij / veraf

nálægur / fjarlægur

nieuw / gebruikt

nýr / notaður

niets / iets

ekkert / eitthvað

oud / jong

gamall / ungur

aan / uit

kveikt / slökkt

open / dicht

opna / loka

stil / luid

Lágvær / hávær

rijk / arm

ríkur / fátækur

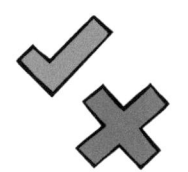

juist / fout

rétt / rangt

ruw / glad

grófur / sléttur

droevig / blij

gbitinn / hamingjusamur

kort / lang

stutt / lengi

traag / snel

hægt / hratt

nat / droog

blautur / þurr

warm / koud

heitur / kaldur

oorlog / vrede

stríð / friður

0	**1**	**2**
nul	één	twee
núll	einn	tveir

3	**4**	**5**
drie	vier	vijf
þrír	fjórir	fimm

6	**7**	**8**
zes	zeven	acht
sex	sjö	átta

9	**10**	**11**
negen	tien	elf
níu	tíu	ellefu

12

twaalf

tólf

13

dertien

þrettán

14

veertien

fjórtán

15

vijftien

fimmtán

16

zestien

sextán

17

zeventien

sautján

18

achtien

átján

19

negentien

nítján

20

twintig

tuttugu

100

honderd

hundrað

1.000

duizend

þúsund

1.000.000

miljoen

milljón

Engels

Enska

Amerikaans Engels

Amerísk enska

Chinees (Mandarijn)

Mandarin-kínverska

Hindi

Hindí

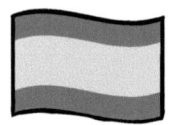

Spaans

Spænska

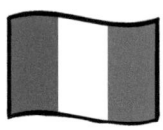

Frans

Franska

Arabisch

Arabíska

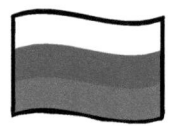

Russisch

Rússneska

Portugees

Portúgalska

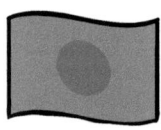

Bengali

Bengali

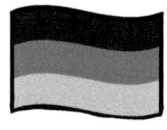

Duits

Þýska

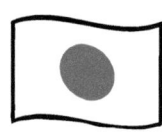

Japans

Japanska

ik
ég

u
þú

hij / zij / het
hann / hún / það

wij
við

u
þú

ze
þeir

wie?
hver?

wat?
hvað?

hoe?
hvernig?

waar?
hvar?

wanneer?
hvenær?

naam
nafn

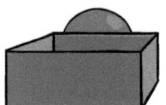

achter

bakvið

in

í

voor

fyrir framan

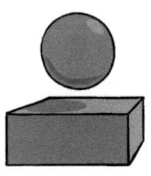

boven

yfir

op

á

onder

undir

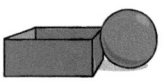

naast

við hliðina

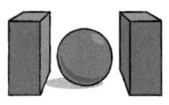

tussen

milli

plaats

sæti